Thomas Pampel

Neue Erkenntnisse und Steuerungsmöglichkeiten für die wirtschaftliche Führung von ambulanten Pflegediensten

GRIN - Verlag für akademische Texte

Der GRIN Verlag mit Sitz in München und Ravensburg hat sich seit der Gründung im Jahr 1998 auf die Veröffentlichung akademischer Texte spezialisiert.

Die Verlagswebseite http://www.grin.com/ ist für Studenten, Hochschullehrer und andere Akademiker die ideale Plattform, ihre Fachaufsätze und Studien-, Seminar-, Diplom- oder Doktorarbeiten einem breiten Publikum zu präsentieren.

Dokument Nr. V22287 aus dem GRIN Verlagsprogramm

Thomas Pampel

Neue Erkenntnisse und Steuerungsmöglichkeiten für die wirtschaftliche Führung von ambulanten Pflegediensten

GRIN Verlag

Bibliografische Information Der Deutschen Bibliothek: Die Deutsche
Bibliothek verzeichnet diese Publikation in der Deutschen Nationalbibliografie; detaillierte bibliografische Daten sind im Internet über http://dnb.ddb.de/ abrufbar.

1. Auflage 2002
Copyright © 2002 GRIN Verlag
http://www.grin.com/
Druck und Bindung: Books on Demand GmbH, Norderstedt Germany
ISBN 978-3-638-67658-8

BERUFSAKADEMIE SACHSEN
Staatliche Studienakademie in Plauen

Gesundheitswesen"

Thema der Arbeit

„Neue Erkenntnisse und Steuerungsmöglichkeiten für die wirtschaftliche Führung von ambulanten Pflegediensten"

Studienarbeit
in der Studienrichtung „Management im Gesundheitswesen"

eingereicht von:
Thomas Pampel

Autorenreferat

PAMPEL, Thomas: „Neue Erkenntnisse und Steuerungsmöglichkeiten für die wirtschaftliche Führung von ambulanten Pflegediensten"
Berufsakademie Sachsen, Staatliche Studienakademie in Plauen,
Studienrichtung: „Management im Gesundheitswesen", Studienarbeit, 2002
42 Seiten, 20 Literaturquellen, 1 Anlage

Durch die heutigen wirtschaftlichen, rechtlichen und sozialen Rahmenbedingungen wird es den ambulanten Pflegediensten zunehmend schwieriger gemacht, wirtschaftlich zu arbeiten. Die Studienarbeit beschäftigt sich mit der Situationsdarstellung der ambulanten Pflegelandschaft vor und nach Einführung der gesetzlichen Pflegeversicherung unter dem Schwerpunkt der Darstellung von Möglichkeiten für Pflegedienste, ihre Wettbewerbsposition zu sichern. Dabei wird gesondert auf das gesetzlich definierte Leistungsspektrum und den daraus resultierenden Erlösen eingegangen. Anschließend erfolgt eine Situationsaufnahme des ambulanten Pflegemarktes in Deutschland. Mit der Vorstellung einiger für ambulante Pflegedienste wichtigen Managementmethoden wird versucht, auf die derzeitigen Schwierigkeiten bei der Umsetzung des Pflegeversicherungsgesetzes angemessen zu reagieren. Um die wirtschaftliche Sicherung in dem Spannungsfeld mit erhöhten Qualitätsanforderungen und zunehmender Kundenorientierung zu gewährleisten, werden neue innovative Ansätze aufgezeigt. Mit den ausgewählten Managementmethoden und neuen Ideen sollen mögliche Lösungsvarianten zur wirtschaftlichen Führung von ambulanten Pflegediensten dargestellt werden.

Inhaltsverzeichnis

Seite

Verzeichnis der verwendeten Abkürzungen und Symbole 4
1 Einleitung 5
2 Rechtliche Rahmenbedingungen im ambulanten Pflegebereich 7
2.1 Situationsbeschreibung der Krankenversicherung vor Einführung des Pflegeversicherungsgesetzes 7
2.2 Darstellung der spezifischen Veränderungen im ambulanten Pflegebereich nach Einführung des Pflege VG 1995 8
2.3 Das Leistungs- und Erlösspektrum gemäß der Kranken- und Pflegeversicherung 11
3 Darstellung des Niveaus und der Situation des ambulanten Pflegemarktes in Deutschland 15
4 Die Anwendung ausgewählter Methoden des strategischen Managements ... 19
4.1 Die Umweltanalyse als Erfolgsfaktor für die zukünftige Sicherung des Marktanteils 19
4.2 Die Ressource „Personal" als wichtiges Element im Rahmen der Potentialanalyse 21
4.3 Das Berichtswesen - ein notwendiges Mittel der internen Kommunikation 24
5 Ansätze zur Sicherung der Wirtschaftlichkeit im ambulanten Sektor 27
5.1 Die Rolle der Pflegedienstleitung als wirtschaftlicher Erfolgsfaktor 27
5.2 Spezialisierung als Chance der Existenzsicherung 29
6 Schlussbetrachtung 32
Literaturverzeichnis 34
Abbildungen und Anlagen 36

Verzeichnis der verwendeten Abkürzungen und Symbole

Art.	Artikel
BAT	Bundesangestelltentarif
BGBL	Bundesgesetzblatt
BMG	Bundesministerium für Gesundheit
BSHG	Bundessozialhilfegesetz
ca.	circa
DM	Deutsche Mark
etc.	et cetera (und so weiter)
Hrsg.	Herausgeber
i.d.R	in der Regel
MDK	Medizinischer Dienst der Krankenversicherung
PBV	Pflegebuchführungsverordnung
PQsG	Pflege - Qualitätssicherungsgesetz
RVO	Reichsversicherungsordnung
SGB V	Sozialgesetzbuch - Fünftes Buch - Gesetzliche Krankenversicherung
SGB XI	Sozialgesetzbuch - Elftes Buch - Gesetzliche Pflegeversicherung
VG	Versicherungsgesetz
Vgl.	Vergleiche
z.B.	zum Beispiel

1 Einleitung

Die Einführung der gesetzlichen Pflegeversicherung am 01.01.1995 begründete die fünfte Säule der Sozialversicherung.[1] Eine sozialrechtliche Absicherung, wie im Falle einer Erkrankung, gab es bei Eintritt des Risikos der Pflegebedürftigkeit vor der Einführung dieses Gesetzes nicht.

Weiterhin erfuhren die Pflegebedürftigen eine Stärkung ihrer Position, denn der Patient wurde zum Kunden erklärt, außerdem wurde auf die Sicherstellung und Fortentwicklung der Qualität in der Pflege abgezielt.

Vor der Einführung dieses Gesetzes zeichnete sich die ambulante Pflegelandschaft durch eine Wettbewerbsarmut aus. Mit der Einführung des Pflegeversicherungsgesetzes wurde ein an Angebot und Nachfrage orientierter Markt geschaffen, den es vorher nicht in dieser Form gab. Nun konnten sich Mitte der neunziger Jahre außer den Sozialstationen, die in freigemeinnütziger oder kommunaler Trägerschaft sind, auch professionelle, gewerbliche Pflegedienste gründen, da die Rahmenbedingungen sich veränderten. Nach und nach begann sich so eine Konkurrenz zwischen den Pflegediensten und ihren Trägern zu entwickeln. Der Prozess des Wettbewerbs wurde in den letzten Jahren immer dynamischer, so dass heute, mehr als sieben Jahre nach der Einführung dieses Gesetzes schon einige Mitwettbewerber aus dem Markt geschieden sind.

Die Studienarbeit befasst sich mit den Steuerungsmöglichkeiten und den Anwendungen neuer Erkenntnisse, die zur Sicherung der Wirtschaftlichkeit in ambulanten Pflegediensten beitragen können. Anfangs werden die rechtlichen Rahmenbedingungen vor und nach der Einführung des Pflegeversicherungsgesetzes dargestellt und Veränderungen im ambulanten Pflegebereich nach der Einführung der Pflegeversicherung erläutert.

---

[1] Die bisherigen vier Säulen der Sozialversicherung setzten sich aus der Arbeitsförderung, der Krankenversicherung, der Rentenversicherung und der Unfallversicherung zusammen.

Dem schließt sich eine Darstellung des Leistungs- und Erlösspektrums gefolgt von einer Situationsschilderung des Pflegemarktes an.

Anschließend folgen ausgewählte Methoden des Strategischen Managements und eigene Gedanken zur Sicherung der Wirtschaftlichkeit im ambulanten Sektor. Diese Punkte bilden den Hauptschwerpunkt der Studienarbeit, da mit diesen aufgezeigten Methoden eine zukünftige Sicherung der Existenz für ambulante Pflegedienste möglich sein sollte.

2 Rechtliche Rahmenbedingungen im ambulanten Pflegebereich

2.1 Situationsbeschreibung der Krankenversicherung vor Einführung des Pflegeversicherungsgesetzes

Die gesetzliche Krankenversicherung[2] trat am 01.01.1989 in Kraft, vorher galt das alte Krankenversicherungsrecht der Reichsversicherungsordnung (RVO).

Die ambulante Betreuung von Pflegebedürftigen erfolgte in den fünfziger und sechziger Jahren von Gemeindeschwestern. In den siebziger Jahren bildeten sich mit den Sozialstationen größere Versorgungseinheiten heraus. Hier waren mehrere Pflegekräfte unter einer einheitlichen Trägerschaft zusammengefasst. Private Träger gab es damals nicht.

In der gesetzlichen Krankenversicherung war das Risiko der Pflegebedürftigkeit nicht abgesichert. Für die Familien, deren Angehörige zu Pflegefällen wurden, bedeutete dies, erhebliche Opfer zu bringen. Nicht zuletzt bedeutete dies finanzielle Einbußen für die ehrenamtlich Pflegenden, denn oft musste die Berufstätigkeit teilweise oder vollständig aufgegeben werden. Deshalb:

„droht die Bereitschaft zur häuslichen Pflege zurückzugehen mit der Folge, dass die Pflegebedürftigen zunehmend auf stationäre Pflege angewiesen sind. Die Pflegebedürftigen und ihre Angehörigen sind aber oft nicht in der Lage, die Kosten der stationären Pflege aufzubringen."[3]

Anhand dieser Aussage wird deutlich, dass die Sozialkassen sehr stark finanziell beansprucht wurden. So war es der Regelfall, wenn Pflegebedürftige stationär versorgt wurden, dass sie Sozialhilfe beantragen mussten. Das widerspricht den Grundsätzen der sozialen Sicherung. Sozialhilfe soll nicht der Regelfall sein sondern nur dann zeitweise in Anspruch genommen werden können, wenn von keiner anderen Seite Hilfe möglich ist.

---

[2] Sozialgesetzbuch (SGB)-Fünftes Buch (V)-Gesetzliche Krankenversicherung vom 20.12.1988, BGBl. I S. 2477)
[3] Pflege VG Handbuch, Altötting, KKF-Verlag, 1994, S. 242

Den Betroffenen selbst war es nicht zuzumuten, dass sie nach jahrzehntelanger Arbeit und entsprechender Beitragszahlung in die sozialen Sicherungssysteme plötzlich nur noch ein wöchentliches Taschengeld zur Verfügung hatten, da der Rest ihres Geldes für die stationäre Versorgung aufgebraucht wurde.

Weiterhin steigt der Anteil der älteren Leute überproportional an[4]. Damit werden in Zukunft noch mehr Menschen dem Risiko der Pflegebedürftigkeit ausgesetzt sein. Auch das war ein wichtiger Grund für den Gesetzgeber, eine Versicherung zu schaffen, die dieses zwangsläufige Risiko abdeckt.

Die Angebotsseite der pflegerischen Dienstleistungen wurde über das Selbstkostendeckungsprinzip finanziert, das heißt, alle anfallenden Leistungsabrechnungen wurden von den Kostenträgern[5] erstattet. Das führte natürlich dazu, dass die überwiegend von den Wohlfahrtsorganisationen und den Kommunen betriebenen Sozialstationen keine Anreize hatten, effizient und wirtschaftlich zu arbeiten.

Dies kennzeichnet die Situation der Krankenversicherung vor Einführung der Pflegeversicherung. Die Betroffenen beanspruchten aufgrund fehlender Regelungen die Sozialkassen immer stärker. Es gab keinen Wettbewerb unter den Leistungsanbietern und es fehlten Anreize die Patientenversorgung wirtschaftlich durchzuführen.

2.2 Darstellung der spezifischen Veränderungen im ambulanten Pflegebereich nach Einführung des Pflege VG 1995

Mit der Einführung des Pflege Versicherungsgesetzes (VG) gründeten sich vermehrt gewerbliche ambulante Pflegedienste. Es bestanden nun bessere Ausgangsbedingungen für sie, selbst mit den Kranken – und Pflegekassen ihre erbrachten Leistungen abzurechnen. Erfahrene Pflegefachkräfte eröffneten oft ihren eigenen Pflegedienst.

---

[4] Kruse, Marcus: Marketing ambulanter Pflegedienste, Wiesbaden, Deutscher Universitäts-Verlag, 2002, S. 1
[5] Kostenträger hier in Abgrenzung zum Begriff Kostenträger in der Kosten-Leistungsrechnung. Kostenträger meint hier vor der Einführung des Pflegeversicherungsgesetzes die gesetzliche Krankenversicherung und Leistungen nach dem Bundessozialhilfegesetz (BSHG), dort aber nur bei Bedürftigkeit.

In der Anfangsphase fühlten sich die gewerblichen Pflegeeinrichtungen benachteiligt, da sie keiner staatlichen Förderung und Subventionen unterlagen. Eventuelle Verluste konnten nicht durch Spenden oder Mitgliedschaftseinnahmen, wie es bei den öffentlichen Trägern üblich war und ist, ausgeglichen werden. Demgegenüber standen aber auch Vorteile der privaten Leistungserbringer, wie beispielsweise ihre größere Flexibilität[6], keine Tarifgebundenheit und die marktwirtschaftliche Orientierung von Anfang an. So stellten diese privaten Kleinunternehmen eine ernsthafte Konkurrenz für die am Markt etablierten Sozialstationen dar. Die freigemeinnützigen und kommunalen Pflegedienste mussten sich auf einen immer dynamischer werdenden Wettbewerb einstellen. Deutlich wird dies zum Beispiel bei GABANYI, indem sie ausführt:

„*Es ist ausdrücklich ein Überangebot an Pflegediensten vorgesehen, damit durch eine Nachfrage am Markt sich so etwas wie Wettbewerb unter den Pflegediensten entwickeln kann.*"[7]

Der Gesetzgeber legt auch im § 72 SGB XI, Absatz 3, Satz 1 ausdrücklich fest:

„*Versorgungsaufträge dürfen nur mit Pflegeeinrichtungen abgeschlossen werden (...) die Gewähr für eine leistungsfähige und wirtschaftliche pflegerische Versorgung bieten.*"[8]

Hierdurch ist die Tatsache begründet, dass Pflegeeinrichtungen auch über den tatsächlichen Bedarf hinaus zugelassen werden können. Wenn die geforderten Voraussetzungen der leistungsfähigen und wirtschaftlichen Versorgung erfüllt sind, wird also jeder Pflegedienst zugelassen. Diese Gesetzesregelung soll vermutlich dazu dienen, den Markt für neue Anbieter offenzuhalten und einen Wettbewerb unter den schon etablierten Diensten auszulösen. Damit wird deutlich, dass die eingesessenen Sozialstationen ihre beherrschende Alleinstellung aufgeben mussten. genommmen werden, die stationären Einweisungen wegen des Eintritts der Pflegebedürftigkeit verringern sich.

---

[6] Größere Flexibilität daher, weil private Anbieter im Durchschnitt kleinere Versorgungseinheiten haben und damit schneller auf Marktveränderungen reagieren können als die relativ großen Sozialstationen der freigemeinnützigen Träger.
[7] Gabanyi, Monika: Ambulante Pflegedienste im Spannungsfeld zwischen Wirtschaftlichkeit, Qualität und Kundenorientierung, Augsburg, BASYS Beratungsgesellschaft für angewandte Systemforschung mbH, 1997, S. 8
[8] Sozialgesetzbuch (SGB)-Elftes Buch (XI)-Soziale Pflegeversicherung (Art. 1 des Gesetzes vom 26.05.1994 I 1014), (BGBL.I S. 1014)

Finanzpolitisch ergaben sich Entlastungen, so wurden rückwirkend für 1994 in der gesetzlichen Krankenversicherung vier Milliarden DM und im Bereich der Sozialhilfe über eine Milliarde DM eingespart.[9]

Aus der Sicht der betroffenen Klienten wird deutlich, dass die Einführung des Pflege VG eine spürbare Entlastung gebracht hat. Sie können länger in ihrem häuslichen Milieu bleiben und bei Bedarf von professionellen Pflegekräften betreut werden.

Mit diesem Gesetz wurden auch die pflegenden Angehörigen, Nachbarn etc. entlastet, da ihre ehrenamtliche Tätigkeit in gewissem Rahmen der Erwerbstätigkeit gleichgestellt wurde. Das heißt also für die überwiegende Anzahl von Frauen, die den nichtprofessionellen Teil der häuslichen Pflege realisieren, besteht ab einen bestimmten, nach § 44 Abs.1 Satz 1 SGB XI definierten Zeitaufwand[10] eine gesetzliche Unfall - und Rentenversicherung. Damit hat der Gesetzgeber erreicht, dass diese Personengruppe im Alter auch selbst sozial abgesichert ist und nicht aufgrund ihrer ehrenamtlich geleisteten Pflegehilfe in die Sozialhilfe abrutscht.

Im ambulanten Pflegebereich änderte sich ab Mitte der neunziger Jahre auch die Infrastruktur deutlich:

„*Fünf Jahre nach Einführung des Pflegeversicherungsgesetzes stehen für die Pflegebedürftigen und ihre Angehörigen rd. 13.000 ambulante Dienste (...) bereit.*"[11]

Der Bund und die Länder stellten Finanzhilfen in Form der Erstattung von Investitionskosten zur Verfügung. Damit wurde der zügige Ausbau der Pflegeinfrastruktur gerade auch in den neuen Bundesländern forciert.

---

[9] Pflege VG Handbuch, Altötting, KKF-Verlag, 1994, S. 284
[10] Sozialgesetzbuch (SGB)-Elftes Buch (XI)-Soziale Pflegeversicherung (Art. 1 des Gesetzes vom 26.05.1994 I 1014), (BGBL.I S. 1014)
[11] Bundesministerium für Gesundheit: Presseberichte 2000, 2000 [Online] http://www.bmgesundheit.de/inhalte-frames/inhalte-presse/presse2000/2000/28.htm, S. 1

Die angestrebten Veränderungen im ambulanten Pflegebereich hat es also gegeben. Es wurde die Infrastruktur erheblich erweitert, die soziale Absicherung der Pflegebedürftigen und ihrer Angehörigen verbessert und die gesetzliche Kranken - versicherung und die Sozialhilfe wurden um Milliardenbeträge entlastet. Vergessen darf man jedoch nicht, dass dies alles seinen Preis hat, allein im Jahr 2001 wurden im Bereich der ambulanten Leistungen der sozialen Pflegeversicherung rund 8,4 Milliarden Euro ausgegeben.[12] Daran wird ersichtlich, dass auf der einen Seite bestimmte Bereiche der Sozialversicherung entlastet wurden, andere aber eine Mehrbelastung erfuhren. Insgesamt betrachtet ist es aber eine gerechtere Verteilung der anfallenden Kosten auf die jeweiligen Sozialversicherungsbereiche.

2.3 Das Leistungs- und Erlösspektrum gemäß der Kranken- und Pflegeversicherung

Mit der Einführung des Pflege VG konnten die Pflegedienste nicht nur Leistungen nach der gesetzlichen Krankenversicherung abrechnen, sondern auch Leistungen nach der Pflegeversicherung. Die gesetzliche Krankenversicherung, die im SGB V geregelt ist, beinhaltet im dritten Kapitel das Leistungsspektrum der Krankenversicherung. Im SGB XI wird die gesetzliche Pflegeversicherung erfasst, hier beinhaltet das vierte Kapitel die Leistungspalette.

Auf diese beiden Aspekte der Leistungen gemäß Kranken- und Pflegeversicherung wird im folgenden eingegangen. Damit sollen die gesetzlichen Rahmenbedingungen, das Leistungsspektrum und die Erlösquelle für ambulante Pflegedienste dargestellt werden.

Die Krankenversicherung zeigt im §11 SGB V eine Übersicht über alle Leistungen. Für die ambulante Pflege sind die Leistungsarten zur Behandlung einer Krankheit, die in den §§ 27 bis 52 SGB V geregelt sind, relevant. Innerhalb dieser Paragraphen ist für die Krankenpflege der § 37und § 38 die wichtigste gesetzliche Anspruchsgrundlage. Im § 37 (Häusliche Krankenpflege) Abs.1 Satz 1 heißt es:

---

[12] Bundesministerium für Gesundheit: Presseberichte 2000, 2000 [Online]
http://www.bmgesundheit.de/inhalte-frames/inhalte-presse/presse2000/2000/28.htm, S. 3

"Versicherte erhalten in ihrem Haushalt oder ihrer Familie neben der ärztlichen Behandlung häusliche Krankenpflege durch geeignete Pflegekräfte, wenn Krankenhausbehandlung geboten, aber nicht ausführbar ist, oder wenn sie durch häusliche Krankenpflege vermieden oder verkürzt wird."[13]

Gleichzeitig gibt der Gesetzgeber in § 37 Abs. 1 Satz 4 noch vor, das der Anspruch darauf nur vier Wochen pro Krankheitsfall beträgt. Dieser § 37 Absatz 1 SGB V trifft also auf Patienten zu, die so schwer krank sind, dass sie nicht mehr ins Krankenhaus gehen können oder aber dass die häusliche Pflege die stationäre Behandlung nicht mehr notwendig macht beziehungsweise verkürzt. Damit wird deutlich, was mit dieser Regelung erreicht werden soll, nämlich dass die ambulante Versorgung der stationären aus Kostengründen vorgezogen wird. Dieser Grundsatz ist im § 3 SGB XI genau geregelt:

"Die Pflegeversicherung soll mit ihren Leistungen vorrangig die häusliche Pflege und die Pflegebereitschaft der Angehörigen und Nachbarn unterstützen, damit die Pflegebedürftigen möglichst lange in ihrer häuslichen Umgebung bleiben können. Leistungen der teilstationären Pflege und der Kurzzeitpflege gehen den Leistungen der vollstationären Pflege vor."[14]

Dies ist auch logisch, da die Kosten für eine stationäre Krankenhausbehandlung wesentlich höher sind, als wenn der Patient ambulant behandelt wird. Dass die ambulante Versorgung der stationären vorzuziehen ist, verdeutlicht auch § 37 Abs. 1 SGB XI. In diesem Paragraph heißt es, dass Pflegebedürftige zur Sicherstellung des ärztlichen Behandlungsziels auch Behandlungspflege erhalten können. Damit wird der Unterschied zu Abs. 1 deutlich, da bekommt der Versicherte bei Bedarf vorübergehend, bis maximal vier Wochen, häusliche Krankenpflege. Mit der Krankenpflege ist die Absicherung der Grundpflege gemeint wie zum Beispiel: Waschen, Ankleiden, Essen reichen etc.

Die Behandlungspflege im Abs. 2 ist nicht an die vier Wochenfrist gebunden und bedeutet, dass der Patient Verbände angelegt, Spritzen verabreicht bekommt, Katheterwechsel durchgeführt werden etc. Schließlich ist im SGB V nach § 38 eine weitere Leistungsgrundlage gegeben, er beinhaltet die hauswirtschaftliche Versorgung. Darunter wird das Säubern der Wohnung verstanden.

---

[13] Sozialgesetzbuch (SGB)-Fünftes Buch (V)-Gesetzliche Krankenversicherung (Art. 1 des Gesetzes vom 20.12.1988, BGBl. I S. 2477)
[14] Sozialgesetzbuch (SGB)-Elftes Buch (XI)-Soziale Pflegeversicherung (Art. 1 des Gesetzes vom 26.05.1994 I 1014)

Diese angeführten § 37 Abs. 1, 2 und § 38 SGB V bilden die gesetzlich relevanten Abrechnungsgrundlagen für den ambulanten Pflegebereich. Hier werden pflegerische oder hauswirtschaftliche Tätigkeiten erbracht und können bei den Krankenkassen von den Pflegeeinrichtungen abgerechnet werden. Die Leistungen der Pflegeversicherung sind, wie schon erwähnt, im vierten Kapitel des XI Buches innerhalb des Sozialgesetzes geregelt. Innerhalb der einzelnen Leistungsabschnitte sind für die ambulante Pflege die § 36 (Pflegesachleistung) und §38 (Kombinationsleistung) relevant.

Zum besseren Verständnis müssen aber noch zwei wichtige Rahmenbedingungen beschrieben werden. Der Grundsatz, dass ambulant vor stationär geht, wurde schon erläutert[15]. Mit dieser Vorschrift wird eins der wesentlichen Ziele der Pflegeversicherung deutlich, nämlich dass in besonderem Maße die häusliche Pflege unterstützt und gefördert wird. Weiterhin wichtig für das Verständnis der Pflegeversicherung ist die Abgrenzung des leistungsberechtigten Personenkreises, also den potentiellen Kunden der Pflegedienste.

Im zweiten Kapitel, § 15 SGB XI, sind die einzelnen Stufen der Pflegebedürftigkeit definiert. Es gibt insgesamt drei Stufen, in der ersten sind erheblich pflegebedürftige, in der zweiten sind Schwerpflegebedürftige und in der dritten sind Schwerstpflegebedürftige eingruppiert. Nur Patienten die vom Medizinischer Dienst der Krankenversicherung (MDK) in eine dieser drei Pflegestufen eingruppiert wurden, haben einen rechtlichen Anspruch auf Pflegegeld- oder Sachleistung. Der § 36 SGB XI stellt die wichtigste Arbeitsgrundlage und damit Abrechenbasis für ambulante Pflegeeinrichtungen dar. In diesem Paragraph sind die einzelnen Vergütungen in jeder Pflegestufe geregelt. In Absatz 3 sind die Höchstgrenzen an Sachleistungen pro Monat festgelegt. Zur Zeit belaufen sie sich auf 385 € (€uro) in Stufe 1, 921 € in Stufe 2, und bis zu 1432 € in Stufe 3. Darüber hinaus wird bis zu 1918 € für sogenannte Härtefälle gezahlt, also die Fälle, die das Ausmaß der Pflegebedürftigkeit in Stufe 3 weit überschreiten. Mit den Pflegeeinsätzen der Pflegestufen 1 –3 erwirtschaften die Pflegedienste einen Großteil ihres Umsatzes.

---

[15] Vgl. Seite 12, Absatz 2 und 3

Der § 38b stellt eine Ergänzung zu § 36 dar. Die sogenannte Kombinationsleistung besagt , dass der Pflegebedürftige neben dem Sachleistungsanspruch nach § 36, noch ein Pflegegeld für selbst beschaffte Pflegehilfen nach § 37 beanspruchen kann. Es ist also eine Leistungskombination, weil hier teilweise Angehörige, Verwandte die Pflege übernehmen und der Bedürftige anteilig zu den Sachleistungen ein Pflegegeld erhält. Damit soll er den ehrenamtlichen Einsatz der ihn betreuenden Personen abgelten.

Die Erlösstruktur im Bereich der ambulanten Pflege setzt sich also aus Kombination von verschieden Leistungsbereichen zusammen. Die in der Praxis wichtigsten und am häufigsten auftretenden Erlösarten sind wie beschrieben, nach §§ 37, 38 SGB V und nach §§ 36,38 SGB XI.

Daneben existieren noch der Erlösanteil aus Einnahmen nach Bundessozialhilfegesetz (BSHG), Privatzahlern[16] und Selbstzahlern[17]. Weitere Erlösanteile sind einzellfallabhängig vom jeweiligen Pflegedienst oder der Trägerschaft, zum Beispiel Einnahmen aus selbst angebotenen Dienstleistungen (Fußpflege, Friseur), oder Spenden, Mitgliedsbeiträge etc.

Damit ist das gegenwärtige Erlösspektrum aus der Kranken- und Pflegeversicherung, das für die ambulante Pflege von Bedeutung ist, dargestellt worden.

---

[16] Privatzahler bedeutet, das Menschen, die keine Pflegestufe besitzen, aber häusliche Pflege in Anspruch nehmen, diese Leistungen komplett privat bezahlen.
[17] Selbstzahler bedeutet, das diese Kunden zwar eine Pflegestufe besitzen, deren Leistungsinanspruchnahme aber über die gesetzliche Höchstinanspruchnahmemöglichkeit hinausgeht, und sie selbst noch etwas hinzubezahlen müssen.

3 Darstellung des Niveaus und der Situation des ambulanten Pflegemarktes in Deutschland

Die freigemeinnützigen und kommunalen Pflegeeinrichtungen waren es bis zum Einführen des Pflege VG gewohnt, alle Leistungen bezahlt zu bekommen. Das geschah, wie schon erwähnt, durch das Selbstkostendeckungsprinzip. Doch der Gesetzgeber drängte auf eine Kostendämpfung und eine Förderung des Wettbewerbes, um mehr Wirtschaftlichkeit in diesem Bereich zu erzielen.

So ist im § 72 Abs. 3 SGB XI festgelegt:

„Versorgungsverträge dürfen nur mit Pflegeeinrichtungen abgeschlossen werden, die den Anforderungen des § 71 genügen und die Gewähr für eine leistungsfähige und wirtschaftliche pflegerische Versorgung bieten, ein Anspruch auf Abschluss eines Versorgungsvertrages besteht, soweit und solang die Pflegeeinrichtung diese Voraussetzung erfüllt."[18]

Der Gesetzgeber gibt also die Kriterien für die Pflegeeinrichtungen vor, es muss 'leistungsfähig und wirtschaftlich' gearbeitet werden. Die Pflegekassen wiederum erhalten die Möglichkeit, auch über den derzeitigen Versorgungsbedarf hinaus Versorgungsverträge abzuschließen. Dies wird im zweiten Halbsatz deutlich, denn da heißt es, solang die Vorraussetzungen der Leistungsfähigkeit und Wirtschaftlichkeit eingehalten werden, besteht Anspruch auf Abschluss eines Versorgungsvertrages.

Man kann daraus schlussfolgern, dass so auch noch neue Marktteilnehmer die Möglichkeit erhalten sollen, sich Zugang zu verschaffen, auch wenn es zeitweilig ein Überangebot gibt. Damit werden neuen, innovativen Pflegeeinrichtungen wahrscheinlich Chancen zum Wettbewerbseintritt gegeben, diese Situation erhöht aber gewiss den Druck auf die etablierten Anbieter, sich um eine wirtschaftliche Versorgung zu bemühen.

Um die Situation des Marktes nach Einführung des Pflege VG festzustellen, kann man als Vergleich den prozentualen Anteil der Trägerschaft vor und nach der Einführung des neuen Gesetzes betrachten.

---

[18] Sozialgesetzbuch (SGB)-Elftes Buch (XI)-Soziale Pflegeversicherung (Art. 1 des Gesetzes vom 26.05.1994 I 1014)

Wenn davon ausgegangen wird, dass die meisten privaten ambulanten Pflegeeinrichtungen erst seit Anfang der neunziger Jahre und verstärkt mit Einführung des Pflege VG gegründet wurden, freigemeinnützige Einrichtungen aber schon in den siebziger Jahren entstanden, ergibt sich heute ein erstaunliches Bild:

„ *Bei der Trägerschaft von ambulanten Pflegediensten stellt man fest, das diese zum überwiegenden Teil von freigemeinnützigen Einrichtungen (49%) und privaten Unternehmen (46%) bestimmt sind.*"[19]

Hieran wird deutlich, dass sich schon gravierende Veränderungen ergeben haben. Der Markt wird nicht mehr von Wettbewerbsarmut gekennzeichnet, sondern von einem immer dynamischer werdenden Wettbewerb. Der Fakt, dass sich in Deutschland nach wenigen Jahren fast die Hälfte des ambulanten Pflegemarktes in privater Hand befindet, verdeutlicht, dass die freigemeinnützigen Anbieter rasch an Marktanteilen verloren haben und stark um ihre Position kämpfen müssen.

Um das Niveau des Pflegemarktes in Deutschland zu beschreiben, eignet sich die Qualifikation der Pflegekräfte besonders, denn diese bestimmen mit ihrer Ausbildung die Qualität in der ambulanten Pflege maßgeblich mit. Allerdings ist es zur Zeit noch sehr schwierig an relevante Daten zu gelangen. KRUSE gibt zum Beispiel an:

„*Bei der Qualifikation des Personals ist bei den ambulanten Pflegediensten ein hoher Prozentsatz an ausgebildeten Kräften festzustellen. So sind 72% der Beschäftigten Krankenschwestern-/pfleger, Altenpfleger-/innen und Personen mit sonstigen Pflegeberufen.*"[20]

Dieser hohe Prozentsatz an ausgebildeten Pflegefachkräften ist meiner Meinung nach nicht ganz richtig. Im § 71 Abs. 3 Satz 1 SGB XI heißt es, für die Anerkennung als Pflegefachkraft gelten nur die Abschlüsse der Ausbildung zur examinierten Krankenschwester-/pfleger, Kinderkrankenschwester-/pflleger , und Altenpflegerin-/pfleger. Mit der Einbeziehung von sonstigen Pflegeberufen[21] wählt KRUSE wahrscheinlich einen etwas zu hohen Prozentsatz an ausgebildetem Personal aus. Im Gesetzestext ist genau definiert, was ausgebildetes Personal ist.

---

[19] Kruse, Marcus: Marketing ambulanter Pflegedienste, Wiesbaden, Deutscher Universitäts-Verlag, 2002, S. 38
[20] Kruse, Marcus a.a.O., S. 38
[21] Dazu zählen zum Beispiel: Krankenpflegehelfer-/innen, Familiepfleger-/innen, Dorfhelfer-/innen, Hauswirtschafter-/innen, Arzthelfer-/innen etc.

Bei meiner Literaturrecherche habe ich niedrigere prozentuale Qualifikationsniveaus herausgefunden.
So komme ich anhand meiner Nachforschungen zu folgender Übersicht:

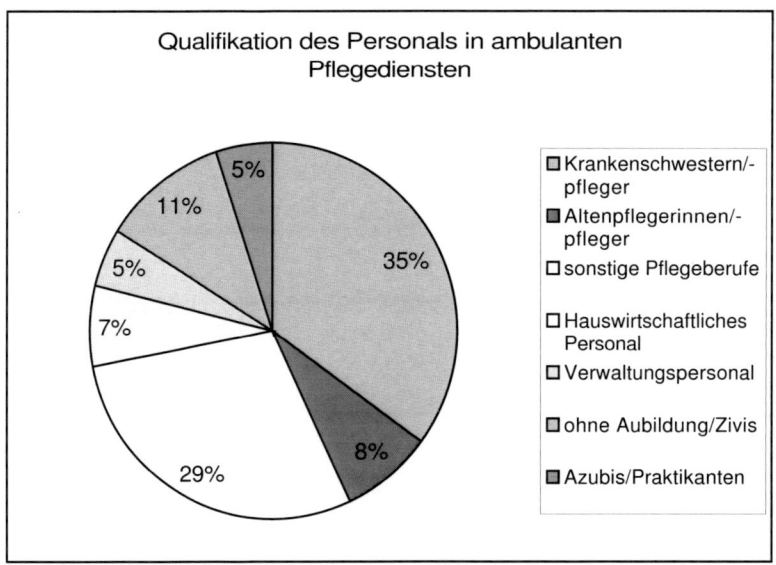

Abbildung 1: Qualifikation des Personals in Pflegeeinrichtungen[22]

Daher ist wahrscheinlich von weniger als 72 % ausgebildeten Fachpersonals auszugehen. Trotzdem kann man die Qualifikation des Personals im ambulanten Bereich als relativ hoch einschätzen. Das Qualifikationsniveau hat laut KRUSE auch etwas mit der Trägerschaft zu tun. Nach seinen Berechnungen sind in den privaten Pflegediensten 75% der Mitarbeiter Pflegefachkräfte, während bei den freigemeinnützigen nur ungefähr die Hälfte der Mitarbeiter diese Qualifikation aufweist.[23] Dazu muss ergänzt werden, dass i.d.R. die freigemeinnützigen Sozialstationen ein breiteres Leistungsspektrum besitzen, und demzufolge nicht für alle Dienstleistungen Fachpersonal benötigen.

Zur Situation des ambulanten Pflegemarktes gehört natürlich auch der Ausblick auf die wahrscheinliche Bevölkerungsentwicklung, insbesondere die Entwicklung bei den

---

[22] Vgl. Wissenschaftliches Institut der AOK (Hrsg.): Der Pflegemarkt in Deutschland, Bonn, 1998
[23] Kruse, Marcus: Marketing ambulanter Pflegedienste, Wiesbaden, Deutscher Universitäts-Verlag, 2002, S. 39

älteren Menschen über sechzig, da diese die zukünftige Klientel der Pflegedienste darstellen. Aufgrund der allgemein bekannten Tatsache, dass die allgemeine Lebenserwartung gestiegen ist bzw. noch weiter steigt, dabei gleichzeitig die Zahl der Neugeborenen sinkt, ist zu erwarten, dass der Anteil der über Sechzigjährigen weiter steigen wird.

Dies wird vom Statistischen Bundesamt[24] untermauert. So wurde festgestellt, dass es 1999 einen Anteil der über Sechzigjährigen von 22,4 % in der Bundesrepublik gab. Dieser Anteil steigt wahrscheinlich 2010 auf 25,5 %, 2020 auf 29,0 %, 2030 auf 35,1 %, 2040 auf 36,2 %, 2050 auf 37,4 %.

Die folgende Grafik verdeutlicht dies:

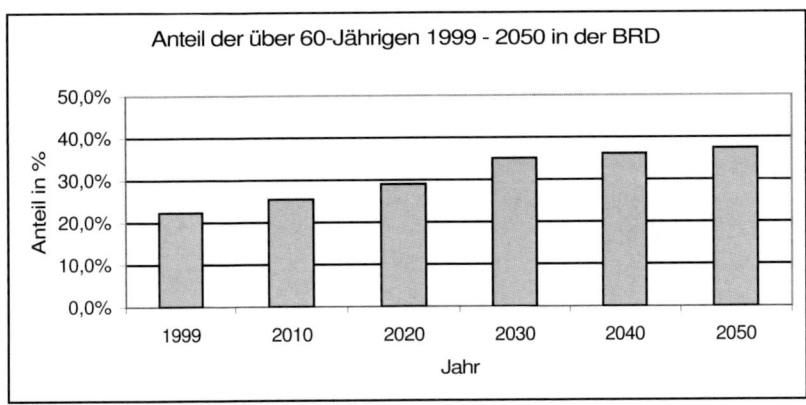

Abbildung 2: Bevölkerungsentwicklung Deutschlands bis zum Jahr 2050[25]

Das hat natürlich große Auswirkungen auf den Pflegemarkt, weil dieser ständig steigende Bevölkerungsteil der über sechzigjährigen die Hauptkundschaft der Pflegedienste stellt. Damit wird sich vermutlich der Pflegebedarf und entsprechend die Nachfrage nach ambulanten Diensten erhöhen, so dass mit einem weiteren Marktwachstum zu rechnen ist. Diese These stützt die Tatsache, das vom BMG bei Einführung der Pflegeversicherung von konstanten 1,2 Millionen ambulant Pflegebedürftigen ausgegangen wurde, diese Zahl musste derzeit auf schon 1,34 Millionen revidiert werden.

---

[24] Vgl. Sommer, Bettina: Bevölkerungsentwicklung Deutschlands bis 2050, Statistisches Bundesamt Wiesbaden, 2000, S. 21
[25] Sommer, Bettina a.a.O., S. 21

4 Die Anwendung ausgewählter Methoden des strategischen Managements

4.1 Die Umweltanalyse als Erfolgsfaktor für die zukünftige Sicherung des Marktanteils

In ihrem Buch „Strategisches Management von Gesundheitsbetrieben" beschreibt REINSPACH die Umweltanalyse als ein Instrument des strategischen Managements. Dabei betrachtet sie die demographischen Entwicklungen, die gesellschaftlichen, wirtschaftlichen und politischen Entwicklungen. Für den ambulanten Pflegebereich ist es natürlich wichtig, sich auf die zukünftige demografische Entwicklung einzustellen.

So wird die Bevölkerungszahl, wie vorher geschildert, zukünftig sinken, gleichzeitig steigt der Anteil der älteren Bevölkerung (über 60 Jahre) überproportional an[26]. So wird der Anteil älterer und vor allem weiblicher (aufgrund der relativ höheren Lebenserwartung als Männer) Pflegebedürftigen zunehmen. Die ambulanten Pflegedienste werden sich als Konsequenz auf zunehmend ältere, multimorbide[27] Patienten einstellen müssen.

Die von REINSPACH angeführten politischen, wirtschaftlichen und gesellschaftlichen Entwicklungstendenzen beeinflussen sicher auch die Umweltbedingungen im ambulanten Bereich, aber im Rahmen dieses Kapitels wird versucht, auf für Pflegedienste existenziell wichtige Umweltfaktoren Bezug zu nehmen.

Für den Zeitpunkt der Gründung oder auch bei einem schon bestehenden Pflegedienst ist es im Rahmen einer Umweltanalyse wichtig, sich einen Überblick über die Konkurrenzsituation zu verschaffen. Dies ist notwendig, um festzustellen, wie viele Mitbewerber es im Einzugsgebiet des Pflegedienstes gibt. Aufgrund einer Konkurrenzanalyse kann man feststellen, wie viele Konkurrenten aktuell sich in der Umgebung befinden, in welcher Trägerschaft sie sind, was für einen Marktanteil sie haben etc. Daraus muss man dann für die zukünftige Entwicklung Schlussfolgerungen ziehen.

Zum Beispiel sieht man anhand der Konkurrenzsituation, ob der Markt schon gesättigt oder übervoll[28] ist, oder noch Entwicklungspotential für eigene Pflegeein-

---

[26] Vgl. Reinspach, Rosmarie: Strategisches Management von Gesundheitsbetrieben, Stuttgart, Lucius & Lucius Verlagsgesellschaft mbH, 2001, S . 139

richtungen besteht.

Notwendige Zahlen dazu sind nicht einfach zu finden. Um Daten über Marktteilnehmer zu erlangen, kann man beispielsweise vom jeweiligen statistischen Landesamt die Zahl der Pflegedienste erfragen. Weiterhin gibt es die Möglichkeit, über Statistiken der Städte und Gemeinden, Veröffentlichungen und sonstigen Medien bis hin zu Mitarbeiterbefragungen, Informationen über die Konkurrenz zu erlangen.

Weiterhin ist es wichtig, direkt im Umfeld des Pflegedienstes nach strategischen Geschäftspartnern zu suchen. So muss zum Beispiel überprüft werden, welche Ärzte, Apotheken, Physiotherapeuten aber auch Friseure, Fußpflege etc. sich in der Umgebung befinden. Mit diesen muss versucht werden, Geschäftsbeziehungen aufzubauen, die von beiderseitigem Nutzen sein sollten. So kann man ein Netzwerk aus Kooperationspartnern aufbauen, die zusätzliche Leistungen für die Patienten des Pflegedienstes anbieten. Diese Erweiterung des Serviceangebotes für Pflegebedürftige durch Verbindungen mit Geschäftspartnern sichert Marktanteile und Zukunft.

Ein weiterer wichtiger Punkt, den es zu analysieren gilt, ist der Anteil der Klienten in einer bestimmten Region. Es ist durchaus nützlich, mit geeigneten Mitteln[29] zu erforschen, welche Klientel in dem Einzugsgebiet des Pflegedienstes wohnt bzw. wohnen wird. Für einen neu zu gründenden Pflegedienst bietet sich natürlich ein Standort an, in dem jetzt schon viele ältere Menschen wohnen. Ein Pflegedienst, der schon besteht und in der Klientenanalyse feststellt, dass in seinem Einzugsgebiet nicht sehr viele ältere Menschen leben, kann natürlich versuchen, in die Wohngebiete zu expandieren, wo ein relativ hoher Anteil an älteren Menschen ist.

---

[27] Multimorbidität bedeutet, das mit steigendem Alter die Patienten gleichzeitig an mehreren verschiedenen Erkrankungen leiden.
[28] Wenn der Markt schon übervoll ist und keine Expansion mehr möglich ist, bieten sich natürlich auch strategische Allianzen mit Mitbewerbern an.
[29] Beispiele für geeignete Mittel wurden schon bei der Konkurrenzanalyse benannt, diese kann man auch für die Klientenanalyse benutzen.

Durch die Untersuchung des derzeitigen und zukünftigen Bestandes an eventuellen Patienten und der Einstellung auf diese Tatsachen (z.b. Standortwechsel auch nach Bevölkerungsstruktur, eventuelle Expansion bzw. Filialbildung in seniorenreichen Wohngebieten) ist ein weiterer wichtiger Schritt zur Erhaltung und Sicherung der Marktposition getan.

Es gilt also bei der Umweltanalyse ständig die äußeren Rahmenbedingungen zu beachten, wie z.b. gesellschaftliche, politische, wirtschaftliche Tendenzen. Darüber hinaus muss jede Pflegeeinrichtung individuell ihren regionalen Markt bezüglich der Konkurrenzsituation, der strukturellen Situation von angeschlossenen Gesundheitseinrichtungen oder auch der Bevölkerungssituation untersuchen. Diese Ergebnisse müssen ausgewertet, Entscheidungen auf dieser Grundlage getroffen und ständig weiterentwickelt werden. Natürlich können sich auch im Rahmen einer Umweltanalyse andere wichtige Untersuchungsgegenstände ergeben. Mit dieser notwendigen Auseinandersetzung mit den einwirkenden Umweltfaktoren ist ein möglicher, auch der zukünftigen Sicherung des Marktanteils dienender, Aspekt für den ambulanten Pflegebereich beschrieben.

4.2 Die Ressource „Personal" als wichtiges Element im Rahmen der Potentialanalyse

Im Rahmen der Analyse des Potentials wird die Organisation auf ihre Ressourcen im Vergleich zu den Mitbewerbern untersucht. Eine umfassende Gestaltungsvariante der Potentialuntersuchung im Gesundheitswesen gibt REINSPACH[30]. Dabei geht sie unter anderem auf die Chancen und Risiken bei Trägerschaft, Rechtsform, Finanzierung, Strukturierung in Gesundheitsbetrieben ein. Sie stellt die Ressource Personal als die wichtigste Ressource im Rahmen der Dienstleistungserbringung im Gesundheitswesen heraus. Die Autorin gibt zu dieser Thematik aber nur kurz Allgemeines wie hohe Fluktuationsraten, Problematik des Versorgungsnotstandes von sich.

Das Pflegepersonal stellt den höchsten Kostenfaktor dar und ist gleichzeitig Garant für eine qualitativ und quantitativ hochwertige Pflege, weshalb ich auf diese Ressource im Rahmen einer Potentialanalyse tiefgründiger eingehe. Die

---

[30] Reinspach, Rosmarie: Reinspach, Rosmarie: Strategisches Management von Gesundheitsbetrieben, Stuttgart, Lucius & Lucius Verlagsgesellschaft mbH, 2001, S . 152 ff

Ausgangslage bei der Ressource „Personal" ist nahezu allen Pflegediensten, egal welcher Trägerschaft, gleich. Die Kosten für das Personal machen den höchsten Anteil an den Gesamtkosten aus, sie betragen ca. *„ 70 – 80% der gesamten Kosten eines ambulanten Pflegedienstes"*[31].

Hieran wird deutlich, welche Stellung die Personalressourcen gerade in so beschäftigungsintensiven Bereichen, wie der ambulanten Pflege, besitzt. Es muss aber darauf eingegangen werden, dass trotz verschiedener Trägerschaftsarten, ähnlich hohe Personalkostenstrukturen, Unterschiede im Umgang mit dieser strategisch wichtigen Ressource bestehen. Es bestehen Differenzen in den Bezahlungsmodalitäten zwischen privaten und freigemeinnützigen Trägern.

Private Träger haben auch schon durch ihre marktorientierte Zielsetzung ein anderes Verhältnis zum Personal als freigemeinnützige. Von Anfang an versuchen die privaten Träger Methoden des richtigen Personalmanagements oder der Motivation im ambulanten Bereich einzusetzen.

Im freigemeinnützigen Bereich beginnt sich die Auseinandersetzung mit dieser wichtigen Ressource und der daraus resultierenden professionellen Personalpolitik erst nach und nach durchzusetzen. Aufgrund der früheren Marktbeherrschung war eine Potentialanalyse und eine intensive Personalförderungs-, -beschaffungs- und Anreizpolitik vielfach nicht nötig.

Im Bereich der freigemeinnützigen Trägerschaft wird zum größten Teil nach Bundesangestelltentarif (BAT[32]) bezahlt. Dieser ist durch ein relativ hohes Lohnniveau und durch fehlende Anreize zur beruflichen Weiterentwicklung gekennzeichnet. Die Entlohnung richtet sich nach Alter (Anzahl der Dienstjahre) und Kinderzahl und nicht nach der erbrachten Leistung. Eine andere Situation herrscht bei den privaten Trägern. Hier besteht keine Tarifbindung, die Bezahlung orientiert sich zwar an den geltenden Tarifen, zusätzlich besteht aber die Möglichkeit, Anreize zu verteilen.

---

[31] Sießegger, Thomas: Handbuch Betriebswirtschaft: Wirtschaftliches Handeln in ambulanten Pflegediensten, Hannover, Vincentz Verlag, 1997, S. 47
[32] BAT regelt das Einkommen der Angestellten (hier auf das Gesundheitswesen bezogen) durch Tarifvertragsabschluss.

Bei überdurchschnittlicher Leistung erfolgt in der Regel auch eine überdurchschnittliche Entlohnung. Im Vergleich der Ressource „Personal" zu den Wettbewerbern hat es der freigemeinnützige Träger schon folglich schwerer als der private Träger, gut ausgebildetes Personal zu bekommen und zu halten[33].

Untersucht nun eine freigemeinnützige Organisation ihr Potential in Bezug auf das Pflegepersonal, muss sie sich Möglichkeiten überlegen, selbst attraktive Anreize zu bieten. Um hohe Fluktuationsraten, mangelnde Arbeitsmotivation zu vermeiden, bedarf es eines guten Personalmanagements. So können zum Beispiel die Aussicht auf einen sicheren Arbeitsplatz, auf kostenlose Weiterbildungsseminare und gezielte Aufstiegsmöglichkeiten zusammen mit einer klaren, transparenten Informationspolitik seitens der Geschäftsführung die Arbeitsmotivation steigern und Fluktuationsraten senken. Nur so können längerfristig zum Beispiel die freigemeinnützigen Träger ihre Ressource „Personal" gegen die private Konkurrenz behaupten und sichern.

In beiden Bereichen (freigemeinnützig und privat) geht es darum, die kostspielige und für den wirtschaftlichen Erfolg wichtigste Ressource „Personal" hinreichend zu stimulieren und zu motivieren. Natürlich gehört zur Potentialanalyse auch das Untersuchen und Aufdecken eigener Stärken und Schwächen im Personalbereich. Stellt man zum Beispiel fest, dass es bei der Konkurrenz besseres und geeigneteres Personal gibt, muss man sich durch gezielte Maßnahmen bemühen, das optimale Personal zu verschaffen.

Bei der Potentialanalyse im Personalbereich geht es letztlich darum, das eigene Personal auf Fähigkeiten und Schwächen zu untersuchen und mit dem der Konkurrenz zu vergleichen. Bei eventuell bestehenden Nachteilen hinsichtlich der Personalzusammensetzung, muss angemessen reagiert werden, um auch in Zukunft die Ressource „Personal" optimal einzusetzen. Nur durch eine ständige Marktbeobachtung, Eigenanalyse und entsprechende Reaktionen darauf, kann das Potential des Personals für die Sicherung der Ziele des Trägers umfassend genutzt werden.

---

[33] Kruse, Marcus: Marketing ambulanter Pflegedienste, Wiesbaden, Deutscher Universitäts-Verlag, 2002, S. 39

4.3 Das Berichtswesen - ein notwendiges Mittel der internen Kommunikation

Eine wichtige Methode des strategischen Managements ist die Anwendung des Berichtswesens im Bereich der ambulanten Pflege.

In der einschlägigen Literatur ist dieser Teilbereich des Managements in Bezug auf die Notwendigkeit für den ambulanten Sektor derzeit noch nicht genügend untersucht worden. Lediglich SIESSEGGER beschäftigte sich ansatzweise damit. So definiert er:

„Beim Berichtswesen handelt es sich um standardisierte, periodisch immer wieder anfallende, aufbereitete Präsentationen von Ergebnissen aus dem Bereich des Controlling."[34]

Diese allgemeine Formulierung trifft sehr wohl auch auf den speziellen Bereich der ambulanten Pflege zu, denn ohne diese regelmäßig wiederkehrende Vorstellung der betriebswirtschaftlichen Ergebnisse kann ein Pflegedienst nicht gezielt wirtschaftlich geführt werden. Die interne Kommunikation bezieht sich beim Berichtswesen auf die Verständigung von Geschäftsführung, Pflegedienstleitung und Finanzbuchhaltung. Die Interaktion der leitenden Pflegekraft mit ihren Mitarbeitern bleibt hier unberücksichtigt, denn die betriebsinterne Kommunikation sollte sich nicht nur auf Dienstberatungen und Mitarbeitergespräche reduzieren.

Die verantwortlichen Mitarbeiter (Pflegedienstleitung, Geschäftsführer) müssen in regelmäßigen Abständen Informationen über die wirtschaftliche Entwicklung bekommen, um z.B. geeignete Maßnahmen bei Abweichungen zu treffen. Dies geschieht optimal mit einem funktionierenden Berichtswesen. Dazu muss einiges vorher intern geklärt werden. Das betrifft solche Fragen wie z.B.:

- Ø was ein Berichtswesen für Zielstellungen verfolgt,
- Ø Inhalte, Größe der Berichte
- Ø wer die Adressaten sind,
- Ø wer die Verantwortlichkeit für die Erstellung und die regelmäßige Aktualisierung übernimmt
- Ø den Zeitpunkt der Auswertung.

---

[34] Sießegger, Thomas: Handbuch Betriebswirtschaft: Wirtschaftliches Handeln in ambulanten Pflegediensten, Hannover, Vincentz Verlag, 1997, S. 181

Mit der Realisierung der Zusammenhänge zwischen Erlösen und Kosten und der dafür verwendeten Zeit sind die für die wirtschaftliche Seite wichtigsten Inhalte beschrieben. Dies sind gleichzeitig auch die Hauptzielstellungen dieses Managementmittels. Daneben gibt es noch weitere inhaltliche Aspekte die je nach Größe und Umfang des Berichtswesens differieren.

Die Adressaten kann man unterteilen in interne und externe Informationsempfänger. Intern werden es im Regelfall die Geschäftsführung, Leitungskräfte und die Finanzbuchhaltung sein, die solcher Berichte bedürfen. Außerhalb können es je nach Trägerschaft, heterogene Zielgruppen sein. Zu denken wäre an Fördervereine, Spender, an finanzierende Banken, kooperierende Partnerschaftsunternehmen etc.

Natürlich braucht man dazu einen Verantwortlichen, der für die regelmäßige Erstellung und Weiterführung der Berichte verantwortlich ist. Für diese Aufgabe ist eine enge vertrauensvolle Zusammenarbeit mit der Finanzbuchhaltung, der Geschäftsführung und der Pflegedienstleibung unerlässlich, um Schnittstellenprobleme zu vermeiden .Zudem muss derjenige auch dafür Sorge tragen, dass der Auswertungszeitpunkt in etwa konstant bleibt.

Darüber hinaus ist es natürlich nur sinnvoll, ein solches Berichtswesen einzuführen, wenn auch entsprechende Reaktionen seitens der Beteiligten erfolgen. Es ist nämlich nicht Mittel zum Zweck, sondern dient der genauen Analyse der Momentan-Situation. Auf Basis dieser regelmäßig erscheinenden Lageberichte müssen sich alle Prozessbeteiligten zu einer intensiven Gesprächsführung treffen, um bei Abweichung der Ist- von der Soll-Situation entsprechende Schritte einzuleiten. Erfolgt keine Reflexion und daraufhin das Einleiten von Maßnahmen, erfüllt das Berichtswesen seinen Zweck nicht und stellt nur einen zusätzlichen Kostenfaktor dar.

Die Vorteile eines Berichtswesens bestehen darin, dass die für den wirtschaftlichen Erfolg verantwortlichen Personen regelmäßig Zahlen über die momentane Situation des Pflegedienstes bekommen. Eine z.B. monatliche Frequenz der Berichte ermöglicht ein zeitnahes Steuern und Reagieren für die verantwortlichen Fachkräfte. So können Informationsdefizite vermieden, Reibungsverluste minimiert, Schnittstellenprobleme verhindert werden.

Alle für die wirtschaftliche Situation einer ambulanten Pflegeeinrichtung verantwortlichen Personen (Geschäftsführer, Pflegedienstleitung) hätten regelmäßig wiederkehrende Informationen, die sie zur erfolgreichen Planung und Steuerung ihrer Einrichtung benötigen. Damit wird auch gewährleistet, dass eventuelle Abweichungen der Geschäftsführung und der Pflegedienstleitung hinsichtlich der Unternehmensziele vermieden werden. Denn eine regelmäßige Abstimmung aller Beteiligten verhindert das Entstehen von Fehlsteuerungen und erhöht die innerbetriebliche Zusammenarbeit. Nicht zuletzt erhöht sich die Motivation aufgrund des immer aktuellen Kenntnisstandes und dem Wissen über die intern funktionierende Kommunikation. Weiterhin ist es möglich, jederzeit auch extern interessierten Gruppen wie z.B. (Vorstand, Bank) benötigte Informationen zu geben.

Nachteilig ist ein Berichtswesen nur dann, wenn eine unklare Kommunikationspolitik betrieben wird. So muss vor der Einführung exakt definiert sein, wer die Adressaten sind, welche Ziele verfolgt werden, wer für die Erstellung der Berichte in welchem Umfang verantwortlich ist etc. Weiterhin müssen die betreffenden Personen über Sinn und Zweck dieses Managementinstruments aufgeklärt sein, gerade im ambulanten Pflegebereich sind sich noch nicht alle Führungskräfte über die Notwendigkeit eines solchen Instrumentariums bewusst. Ohne eine entsprechende Reflexion und eine Reaktion auf vorgestellte Entwicklungen ist ein solches Berichtswesen nur ein zusätzlicher Zeit- und Kostenfaktor.

Bei einer korrekten Einführung, regelmäßigen Auswertung, Diskussion und Ableitung notwendiger Veränderungen ist das Berichtswesen im ambulanten Pflegebereich meiner Meinung nach ein sinnvolles und notwendiges Mittel der internen Kommunikation, das als strategisches Managementinstrument Sinn macht.

5 Ansätze zur Sicherung der Wirtschaftlichkeit im ambulanten Sektor

5.1 Die Rolle der Pflegedienstleitung als wirtschaftlicher Erfolgsfaktor

Seit der Einführung des Pflege VG haben sich, die Rahmenbedingungen massiv gewandelt. Die vergüteten Leistungen sinken[35], gleichzeitig nimmt der Wettbewerb zu. Ehemals angebotsorientierte Dienstleistungserbringer (vor allem Wohlfahrtsverbände) wandeln sich zu nachfrageorientierten Anbietern. Aufgrund der zunehmenden Anzahl (wie beschrieben) der Pflegedienste, werden die Kunden wählerischer im Umgang mit ihnen. Die dargestellten Situationsbeschreibungen wirken auf die Pflegedienstleitung in besonderen Maße ein. Daher wird schon deutlich, welchen Einfluss die Leitungsperson auf den wirtschaftlichen Erfolg oder Misserfolg hat.

Bevor eine Schilderung der wichtigen Rolle der Pflegedienstleitung erfolgt, gehe ich auf die gesetzlichen Vorschriften zur Qualifikation dieser Personen ein. Nach § 80 in Verbindung mit § 71 SGB XI[36] und den bundeslandspezifischen Qualitätsrichtlinien für Pflegeeinrichtungen, muss die Leitung des Pflegedienstes eine examinierte Krankenschwester/-pfleger oder examinierte Altenpflegerin/-pfleger sein. Weiterhin muss der Nachweis einer praktischen Tätigkeit in einer ambulanten Einrichtung von 2 Jahren innerhalb der letzten 5 Jahre erbracht werden. Zusätzlich muss sie eine Weiterbildungsmaßnahme im Umfang von mindestens 460 Stunden nachweisen können.

Um die Wichtigkeit der Leitungsperson herauszustellen, bedarf es einer Analyse ihres Aufgabenspektrums. Daraufhin werden die Wirkungsrichtungen ihres Handelns und die damit verbundenen Konsequenzen für den Wirtschaftlichen Erfolg erläutert.

Für die ökonomische Führung eines Pflegedienstes und damit die Verantwortung über ein Budget, das mehrere hunderttausend Euro betragen kann, ist die Leitung

---

[35] Das Sinken der Leistungsvergütung ist zur Zeit vor allem im Bereich des SGB V zu beobachten. Gab es früher pauschale Vergütungen für Tätigkeitskomplexe, gibt es derzeit die Tendenz zur Einzelleistungsvergütung. Dabei wird von den Krankenkassen in verschiedene Gruppen differenziert. Die relativ häufigsten Leistungen werden weniger bezahlt, so dass auch im ehemals profitablen SGB V Bereich die Erlöse weiter sinken.

[36] Sozialgesetzbuch (SGB)-Elftes Buch (XI)-Soziale Pflegeversicherung (Art. 1 des Gesetzes vom 26.05.1994 I 1014)

mehr und mehr zuständig. Die Pflegedienstleitung hat dafür zu sorgen, dass die Erlöse wenigstens die gesamten Kosten decken. Weiterhin ist sie verantwortlich für den optimalen Einsatz der kostenintensiven Ressource Personal (Mittels einer funktionierenden Personaleinsatzplanung). Für die zunehmend wichtiger werdende Qualitätssicherung ist sie ebenfalls die steuernde und koordinierende Fachkraft, gleichzeitig muss die Pflege so geplant werden, dass sie unter ökonomischen Gesichtspunkten effizient, aber mit der höchstmöglichen Qualität ausgeführt wird. Administrative, planerische Gestaltungen sind eine der Hauptaufgaben, diese wiederum sind nur mittels fundierter Computerkenntnisse möglich. Weiterhin gibt es noch eine Reihe gesetzlicher und rechtlicher Vorschriften die das Aufgabenbild einer Pflegedienstleitung beeinflussen, die aufzuführen jetzt zu weit gehen würde.

Wie aus dem sehr heterogenen Aufgabenspektrum ersichtlich, ergeben sich verschiedenste Wirkungsrichtungen ihres Handelns.

Eine Wirkungsweise ihres Handelns geht in die Richtung der Mitarbeiter. So sollten die Wünsche der Mitarbeiter Berücksichtigung finden , aber unter Prioritätensetzung für die Kundenbedürfnisse. Daraus wird schon ein Konflikt deutlich. Einerseits ist es im Zuge der Kundenorientierung immanent wichtig, sich nach ihnen zu richten, andererseits gilt es die Interessen der Angestellten mit einzubeziehen. So ist die Leitung auch verantwortlich für die Sicherung der Arbeitsplätze und die Einkommen der ihr unterstellten Mitarbeiter.

Wie schon erwähnt, muss die Leitung ständig die Wünsche der Mitarbeiter mit den Klientenanforderungen verbinden. Die Patienten und ihre Angehörigen verlangen von der Pflegedienstleistung eine kostengünstige Leistungserbringung, gute Qualität und genügend Zeit für die Pflege- und Betreuungsleistungen.

Von der Geschäftsführung und dem Vorstand werden gefordert, dass die Pflegedienstleitung die Verantwortung für die Wirtschaftlichkeit übernimmt. Ihr Handeln muss sie also gegenüber dem Träger erläutern können.

Die Kranken- und Pflegeversicherung verlangt, dass die Pflegeeinrichtung ein gewisses Qualitätsniveau einhält. Im § 80 SGB XI wird ausdrücklich betont, dass jede ambulante Pflegeeinrichtung für die *„Entwicklung eines einrichtungsinternen Qualitätsmanagements, das auf eine stetige Sicherung und Weiterentwicklung der Pflegequalität ausgerichtet ist"*[37], verantwortlich ist. Für die Umsetzung dieser gesetzlichen Vorschrift hat die Pflegedienstleitung Sorge zu tragen.

Aus diesen verschiedenen Wirkungsrichtungen ihres Handelns wird ersichtlich, welche Verantwortung der Leitung eines Pflegedienstes zukommt. Die genannten Interessengruppen müssen hinsichtlich ihrer Ansprüche und Bedürfnisse sinnvoll verbunden werden. Die wirtschaftliche Sicherung des ambulanten Pflegedienstes liegt also zu einem Großteil an der Leitung. Durch ihre Fähigkeit der Interaktion und Steuerung der verschiedenen Interessengruppen bestimmt sie maßgeblich den Erfolg der Einrichtung mit. Daher bedarf es Zwingenderweise bei der Auswahl der Leitung der Pflegeeinrichtung eines bestimmten Anspruchsniveaus, damit die Basis der wirtschaftlichen Führung gegeben ist.

5.2 Spezialisierung als Chance der Existenzsicherung

In den Zeiten der Marktsättigung, der sinkenden Vergütungsbereitschaft der Kassen usw. benötigen Pflegedienste verstärkt neue, innovative Ideen, um langfristig im Wettbewerb bestehen zu können.

Bevor eine Einrichtung über mögliche Innovationen ihres Angebotes nachdenkt, gilt es einige Fragen zu klären.

Im Vorfeld müssen die unternehmensinternen Ressourcen identifiziert werden. Dazu gehört eine Stärken- und Schwächenanalyse im Vergleich zur Konkurrenz. Sind spezifische Stärken herausgearbeitet, muss eine Spezialisierungsstrategie auf den *„profitablen Leistungskern"*[38] erfolgen.

---

[37] Sozialgesetzbuch (SGB)-Elftes Buch (XI)-Soziale Pflegeversicherung (Art. 1 des Gesetzes vom 26.03.1994 I 1014)
[38] Kruse, Marcus: Marketing ambulanter Pflegedienste, Wiesbaden, Deutscher Universitäts-Verlag, 2002, S. 188

Das ist der Bereich, in dem ein Pflegedienst besondere Kompetenzen aufweist oder außergewöhnliche Leistungsfähigkeiten besitzt. Dieser kann dann verstärkt den Patienten zusätzlich zu den bisher erbrachten Leistungen angeboten werden.

Sind diese Kernkompetenzen herausgearbeitet, müssen die Klienten mit geeigneten Mitteln (Fragebogen, persönliches Gespräch) über die Nutzenstiftung der zusätzlich angebotenen Dienstleistungen befragt werden. Dabei muss der Preis, den sie dafür zu zahlen bereit wären, erfasst werden. Gleichzeitig muss die Pflegeeinrichtung ihre Preise so kalkulieren, dass Kostendeckend gearbeitet werden kann. Wenn feststeht, dass ein bestimmter Kliententeil extra angebotene Leistungen des Pflegedienstes in Anspruch nehmen würde, muss die Frage der Abrechnung mit den Kranken-/pflegekassen geklärt sein. Hier können natürlich Probleme auftreten, weil die Kassen für innovative, neue Leistungen nicht zahlen wollen.

Im folgenden wird auf die Möglichkeiten eingegangen, wie die Pflegeeinrichtungen ihre Spezialisierungsangebote abrechenbar machen, oder wie neue innovative Produkte gewinnbringend am Markt, auch ohne Vergütungsgrundlage bestehen können.

Zum einen können Pflegedienste sich auf bestimmte, mit den Kassen abrechenbare Dienstleistungen spezialisieren. Das kann zum Beispiel eine Ausrichtung auf die Versorgung Krebskranker oder auf die Krankenpflege bei kleinen Kindern sein. Für beide erwähnten Beispiele muss aber die Qualifikation der Mitarbeiter vorhanden sein. Man braucht genügend Pflegekräfte geben, die über Erfahrung und eine entsprechende Ausbildung in diese Richtung besitzen. Natürlich ist dabei zu beachten, dass die gesamte sonstige Leistungspalette gewährleistet sein muss. Eine günstige Voraussetzung wäre es, einerseits spezialisierte, andererseits auch Pflegekräfte zu beschäftigen die das normale Leistungsspektrum beherrschen. Deshalb bedarf es einer strategischen Planung des Managements.

Unter diesen genannten Bedingungen müsste es für eine ambulante Pflegeeinrichtung möglich sein, im Wettbewerb zu bestehen, weil man Leistungen anbietet, die über das normale Angebotsspektrum hinausgehen. Ein neuer Patientenstamm könnte so zu dem schon bestehenden erschlossen werden.

Entschließt sich eine Pflegeeinrichtung nach vorheriger Marktprüfung, gänzlich neue Leistungen anzubieten, besteht hier in erster Linie das Problem der fehlenden Abrechnungsmöglichkeit mit den Kassen. Solche Innovationen können trotzdem zum Erfolg führen, wenn sie professionell geplant und umgesetzt werden. Ist das Bedürfnis der Patienten nach neuartigen Dienstleistungen (zum Beispiel bisher unbekannte Problemlösungen) vorhanden und sind sie bereit dafür entsprechend selbst zu bezahlen, kann dies einen wirtschaftlichen Vorteil für den Pflegedienst bedeuten. Dazu müssen aber die schon im vorherigen Absatz genannten speziellen Kenntnisse und Fähigkeiten der Mitarbeiter erfüllt sein.

Durch solche Innovationen können Pflegedienste eine: „unique selling proposition"[39] einnehmen. Das bedeutet soviel wie eine einzigartige Verkaufsposition einzunehmen. Die überweisenden Ärzte oder Krankenhäuser, die einen solchen Pflegedienst mit einem neuartigen, einmaligen Leistungsangebot kennen, überweisen vermutlich betroffene Patienten gezielt in diese Einrichtung, weil sie der einzige Anbieter darin sind. Die Klienten werden diese Leistungen vermutlich selbst finanzieren, weil es keine Alternativen gibt. In diesem Kontext stellt auch KRUSE fest:

Insofern erzielt das Unternehmen hiermit einen wesentlichen Konkurrenzvorteil in Bezug auf die Neukundengewinnung"[40]

Ist es eine sehr erfolgreiche Neuentwicklung von Dienstleistungsangeboten, könnte es auch sein, das die Kassen diese Leistungen mit in den Leistungskatalog übernehmen und damit abrechenbar machen.

Die vorgestellten Spezialisierungsmöglichkeiten könnten bei konsequenter Umsetzung helfen, langfristig die Existenz der Pflegedienste zu sichern.

Eine weiterreichende Auseinandersetzung mit diesem Thema erfolgt wahrscheinlich im Rahmen meiner Diplomarbeit.

---

[39] Vgl. Kruse, Marcus: Marketing ambulanter Pflegedienste, Wiesbaden, Deutscher Universitäts-Verlag, 2002, S. 190
[40] Kruse, Marcus: a.a.O., S. 190

6 Schlussbetrachtung

In der vorliegenden Studienarbeit wird sich mit der für Pflegedienste notwendigen Auseinandersetzung mit den veränderten gesetzlichen Rahmenbedingungen befasst. Die aus dem Spannungsfeld zwischen Kundenorientierung, Qualitätssicherung und Wettbewerbsintensität entstehenden Probleme der ökonomischen Leistungserstellung und der Versuch ihrer Lösung sind wichtige Fragestellungen, mit denen sich ambulante Pflegedienste verstärkt auseinandersetzen müssen.

Eine besondere Problematik stellt die derzeitig noch nicht tiefgründige Auseinandersetzung in der Literatur mit dem Thema der wirtschaftlichen Sicherung von ambulanten Pflegediensten dar. So gibt es keine standardisierten Konzepte, wie und mit welchen Mittel eine Pflegeeinrichtung am Markt bestehen kann.

Bei der Darstellung der heutigen Situation des ambulanten Pflegemarktes ist deutlich geworden, dass es ein sehr komplexes Zusammenspiel von verschiedenen Akteuren und Interessengruppen gibt. Der Schwerpunkt der Betrachtungen lag hierbei auf den schon stattgefundenen Veränderungen im Bereich der Trägerschaft von Pflegeeinrichtungen. So ist vom Gesetzgeber die marktbeherrschende Stellung der freigemeinnützigen Träger durch eine ausdrückliche Zulassung von privaten Anbietern auch über den aktuellen Bedarf hinaus beendet worden. Daraus ergeben sich aber neue Fragen und Spannungsfelder. Ist ein Überangebot deshalb gewollt, damit sich die preiswertesten Anbieter durchsetzen?. Bleibt es bei diesen gesetzlichen Vorschriften, dass alle Pflegedienste zugelassen werden, die eine standardisierte Qualität erbringen und damit bei einer weiteren Verdrängung der freigemeinnützigen Träger?. Kann mit den derzeitigen gesetzlichen Regelungen dem ständig wachsenden Anteil an pflegebedürftigen Rechnung getragen werden, ohne Qualitätseinschränkungen und signifikant steigende Beiträge zur Pflegeversicherung vornehmen zu müssen?. Diese Fragen werfen sich bei den schon beschriebenen Veränderungen der Trägerschaft und dem steigenden Anteil älterer Menschen auf.

Für die mögliche Lösung von wirtschaftlichen Problemen wurden ausgewählte Managementmethoden vorgestellt. Diese sind zwar nicht ohne weiteres von der freien Wirtschaft übertragbar, aber in modifizierter Form durchaus sinnvoll, um die Wettbewerbsposition zu sichern.

Im Rahmen dieser Arbeit konnte sich natürlich nur auf ausgewählte Aspekte konzentriert werden. Mit der Umweltanalyse und dem Berichtswesen sind zwei wichtige Punkte der strategischen Unternehmensplanung erörtert worden. Ergänzt wurden diese Methoden durch die Betrachtung des Personals als enorm wichtige, möglichst effizient zu nutzende Ressource, da diese den höchsten Kostenfaktor und gleichzeitig das wichtigste Erfolgspotential für den ambulanten Pflegedienst darstellen.

Ergänzt wurden die schon bekannten, herkömmlichen Managementmethoden durch eigene Gedanken und Ausführungen. Wie schon erläutert, gibt es keine einheitliche Lösungsstrategie für die Existenzsicherung von Pflegeeinrichtungen. Deshalb müssen von den jeweils verantwortlichen auch neue, innovative Wege gegangen werden, um die Marktposition zu erhalten. Für die wirtschaftliche Sicherung hat in erster Linie die Pflegedienstleitung Sorge zu tragen. Diese Erkenntnis wurde aufgrund der vielfältigen Aufgaben und Problemfelder, mit denen sie täglich konfrontiert wird und ihrer zunehmenden wirtschaftlichen Verantwortung gewonnen. Eine nicht zu vernachlässigende Chance bietet schließlich die Spezialisierung für den ambulanten Pflegedienst. So kann eine Marktstellung erreicht werden, die ihn von allen Mitwettbewerbern unterscheidet und einzigartig macht. Mit einer Art Monopolstellung sollte es leichter möglich sein, konkurrenzfähig zu bleiben. Nach meiner Meinung wäre eine Spezialisierung dann sinnvoll, wenn einerseits weiterhin alle normalen Pflegedienstleistungen angeboten werden, andererseits sich auf bestimmte Spezialfähigkeiten konzentriert wird.

Mit diesen ausgeführten möglichen Lösungsvarianten sollte es einem ambulanten Pflegedienst leichter fallen, die Wirtschaftlichkeit auch in Zukunft zu sichern. Aufgrund der Komplexität des Umfeldes und der ständigen Veränderungen, in denen ambulante Pflege sich heute befindet, ist es nicht möglich, umfassende Antworten auf Fragen hinsichtlich der Existenzsicherung zu geben. Die Lösung der angeführten Spannungsfelder muss wahrscheinlich von allen am Prozess Beteiligten gefunden werden. Die Pflegeeinrichtungen müssen sich jetzt und in Zukunft permanent um die Sicherung ihrer Wirtschaftlichkeit bemühen.

Literaturverzeichnis

1) Monographien und Zeitschriften:

Bundesministerium für Gesundheit (Hrsg.): Zweiter Bericht über die Entwicklung der Pflegeversicherung, Berlin, 2001

Ebel, Bernd: Konzepte des Qualitätsmanagements, Organisation und Führung, Ressourcenmanagement und Wertschöpfung, Berlin, Verlag neue Wirtschafts-Briefe, 2001

Gabanyi, Monika: Ambulante Pflegedienste im Spannungsfeld zwischen Wirtschaftlichkeit, Qualität und Kundenorientierung, Augsburg, BASYS Beratungsgesellschaft für angewande Systemforschung mbH, 1997

O.V.: Pflege VG – Handbuch: Soziale Pflegeversicherung, Sozialgesetzbuch XI mit Pflege- Qualitätssicherungsgesetz – PQsG, 6.Auflage, Altötting, KKF-Verlag, 2001

Haubrock, Manfred / Gohlke Susanne: Benchmarking in der Pflege, 1.Auflage, Bern, Verlag Hans Huber, 2001

Heiber, Andreas: Kostenrechnung für die ambulante Pflege: Kostenstellen- und Kostenträgerrechnung in der Praxis, Hannover, Vincentz Verlag, 2002

Heine, Hans- Gerd: Fünf Jahre Pflegeversicherung: Das Gesundheitsforum der Süddeutschen Zeitung zieht Bilanz, Süddeutsche Zeitung, Nummer 99, 2001

Hentze, Joachim / Kammel, Andreas / Lindert, Klaus: Personalführungslehre, 3., vollständig überarbeitete Auflage, Bern, Stuttgart, Wien, Verlag Paul Haupt, 1997

Kruse, Marcus: Marketing ambulanter Pflegedienste, 1. Auflage, Wiesbaden, Deutscher Universitäts-Verlag, 2002

Paul-Lempp-Stiftung (Hrsg.): Pflege & Management: Pflege prüfungssicher, bedarfsgerecht und wirtschaftlich gestalten, Stuttgart, Dr. Josef Raabe Verlags-GmbH, 2002

Reinspach, Rosmarie: Strategisches Management von Gesundheitsbetrieben: Grundlagen und Instrumente einer entwicklungsorientierten Unternehmensführung, Stuttgart, Lucius & Lucius Verlagsgesellschaft mbH, 2001

Sießegger, Thomas: Handbuch Betriebswirtschaft: Wirtschaftliches Handeln in ambulanten Pflegediensten, Hannover, Vincentz Verlag, 1997

Sommer, Bettina: Bevölkerungsentwicklung Deutschlands bis 2050, Statistisches Bundesamt Wiesbaden, 2000, S.21 Tabelle 1

Tiebel, Christoph: Strategisches Controlling in Non- Profit- Organisationen. theoretische Konzeption und praktische Umsetzung am Beispiel Deutsches Rotes Kreuz, München, Verlag Franz Vahlen, 1998

Wissenschaftliches Institut der AOK (Hrsg.): Der Pflegemarkt in Deutschland, 2. Auflage, Bonn, 1998

2) Gesetze:

Gesetz zur Qualitätssicherung und zur Stärkung des Verbraucherschutzes in der Pflege (Pflege-Qualitätssicherungsgesetz – PQsG), 09.09.2001, (BGBl. I S. 2320)

Sozialgesetzbuch (SGB)- Fünftes Buch (V) – Gesetzliche Krankenversicherung (Art. 1 des Gesetzes vom 20.12.1988, BGBl. I S. 2477) zuletzt geändert durch Art. 47 b vom 27.04.2002 (BGBL. I S.1467)

Sozialgesetzbuch (SGB)-Elftes Buch (XI)-Soziale Pflegeversicherung (Art. 1 des Gesetzes vom 26.05.1994 I 1014), zuletzt geändert durch Art.1 und 4 (Pflegeleistungs-Ergänzungsgesetz- PflEG) vom 14.12.2001 (BGBL. I S.3728)

3) Virtuelle Literatur:

Bundesministerium für Gesundheit: Presseberichte 2000, (22.09.2002 [Online] http://www.bmgesundheit.de/inhalte-frames/inhalte-presse/presse2000/2000/28.htm)

O.V.: Gesetzliche Grundlagen und deren Ziele [Gesundheitsbericht für Deutschland 1998],02.10.2002 [Online] http:// www.gbe-bund.de/gbe/owa/ergebnisse.prc_tab)

Abbildungen

Abbildung 1:   Qualifikation des Personals in Pflegeeinrichtungen[41]   S. 17

Abbildung 2:   Bevölkerungsentwicklung Deutschlands bis zum   S. 18
Jahr 2050[42]

Anlagen

Anlage 1:   Konspekt zur Monographie: Sießegger, Thomas: Handbuch Betriebswirtschaft: Wirtschaftliches Handeln in ambulanten Pflegediensten, Hannover, Vincentz Verlag, 1997

---

[41] Vgl. Wissenschaftliches Institut der AOK (Hrsg.): Der Pflegemarkt in Deutschland, Bonn, 1998
[42] Vgl. Sommer, Bettina: Bevölkerungsentwicklung Deutschlands bis 2050, Statistisches Bundesamt Wiesbaden, 2000,

Konspekt zur Monographie: Anlage 1
Blatt 1

Sießegger, Thomas:

„ Handbuch Betriebswirtschaft: Wirtschaftliches Handeln in ambulanten Pflegediensten"

Hannover, Vincentz Verlag, 1997

Durch die Einführung der gesetzlichen Pflegeversicherung 1995 wurde der ambulante Pflegebereich für den Markt geöffnet. Die etablierten freigemeinnützigen Träger sahen sich zunehmender Konkurrenz privater Anbieter ausgesetzt. Durch den vom Gesetzgeber nach § 80 SGB XI ausdrücklich zugelassenen Mehrbestand an Pflegediensten, wenn sie denn nur eine bestimmte Qualität anbieten, verschärfte sich der Wettbewerb zusehends. Dabei haben sowohl freigemeinnützige, private als auch kommunale Träger mit der effizienten Pflegeleistungserbringung zu kämpfen. Mögliche Wege, um dennoch erfolgreich am Markt zu bestehen, beschreibt SIESSEGGER, indem er Gedanken und Vorschläge für die wirtschaftliche Sicherung gibt.

Das vorliegende Buch beschäftigt sich mit den aktuellen Veränderungen im Gesundheitswesen, die immer stärker eine betriebswirtschaftliche Orientierung z.B. durch ein Controllingsystem, notwendig machen.

Der für Pflegedienste immer wichtiger werdende Bereich der Vergütung wird ausführlich diskutiert. So ist es bis heute nicht selbstverständlich, dass den erbrachten Leistungen auch die entsprechenden Kosten zugeordnet werden können. Wenn es aber, wie der Autor befürchtet, zu Einzelverhandlungen im Bereich des SGB XI kommt, wird nur diejenige Pflegeeinrichtung existenzsichernde Verhandlungen führen können, die auch weiß, was ihre Leistungen kosten. Diese Problematik wird im Abschnitt der Kostenrechnung in der Pflege thematisiert. Hier werden der Nutzen und die Notwendigkeit der Einführung einer professionellen Kostenrechnung abgehandelt. Die Kostenrechnung richtet sich an interne und externe Interessenten. Die Entscheidungsträger können intern nur richtungsweisende, korrekte Entschlüsse fassen, wenn sie auf geeignetes Zahlenmaterial zurückgreifen können.

Anlage 1
Blatt 2

Von den Leistungsträgern wird erwartet, dass die Pflegeeinrichtungen Informationen über ihre wirtschaftliche Arbeitsweise bereitstellen. Den nötigen Nachweis kann man nur über eine funktionierende Kostenrechnung erbringen.

Wie der Autor betont, sind über 70 % aller Kosten personalbedingt. Deshalb sieht er es als immanent wichtig an, diese Thematik ausführlicher zu differenzieren. Die Personalkosten stellen im Bereich der ambulanten Pflege den wichtigsten Wirtschaftlichkeitsfaktor dar. In diesem Bereich fallen die höchsten Kosten an, deshalb muss hier angesetzt werden, um die Effizienz zu erhöhen. Darunter soll nicht verstanden werden, soviel wie möglich Personal zu entlassen. Vielmehr geht es darum, im Rahmen einer strategischen Ressourcenplanung das vorhandene Personal so effektiv und effizient wie möglich einzusetzen.

Im vorliegendem Buch wird aber nur auf die Zusammensetzung, die Verbuchung im Rahmen der Kostenartenrechnung eingegangen. Daher werde ich in meiner Studienarbeit näher auf diese Thematik eingehen. Besonderen Stellenwert hat meiner Meinung nach die langfristige, intensive Beschäftigung mit der wichtigen Ressource „Personal" im ambulanten Bereich, da hier noch große Optimierungsreserven bestehen. Einen großen Stellenwert innerhalb der Beschäftigtenbetrachtung nimmt die Analyse des vorhandenen Qualifikationsniveaus ein.

Weiterhin gibt SIESSEGER im Rahmen der Kostenträgerstückrechnung Beispiele zur Berechnung verschiedener Kostenarten. Er nennt Vorschläge zur Ermittlung der Kosten von Krankenschwestern/-pflegern, Altenpflegerinnen/-pflegern etc. Dies stellt einen interessanten Ansatzpunkt bei der Kalkulation von Leistungspaketen dar. Denn nur wenn die Leitung in der Lage ist, für alle zu erbringenden Leistungen die dafür anfallenden Kosten zu ermitteln, ist ein ökonomisch sinnvolles Handeln möglich. Nur so kann beispielsweise die Pflegedienstleitung eine optimale Personaleinsatzplanung realisieren, indem sie das Personal nach Qualifikation und Kosten bei den entsprechenden Patienten einsetzt. Einsätze von relativ teuren Pflegefachkräften bei nicht kostendeckenden Pflegeeinsätzen im Bereich des SGB XI würden vermieden und auf Einsätze in den SGB V Bereich verlagert.

Anlage 1
Blatt 3

Eine genaue Kenntnis der Kostenstrukturen verhilft den Pflegediensten zu einer gleichwertigen Position bei eventuell anstehenden Einzelleistungsverhandlungen mit den Kostenträgern. Mithilfe einer differenzierten Stundensatzkalkulation aufgrund vorhandener Zahlen über die Kostenzusammensetzung ließe sich eine Personal-Einsatzplanung realisieren, die auf Effizienzsteigerung abzielt.

Eine wichtige Komponente auf dem Weg zum betriebswirtschaftlichen Erfolg ist das Erheben und Auswerten von aussagefähigen Daten. Darunter wird vor allem die Erfassung und Analyse der Einsatzzeit der Mitarbeiter verstanden. Nach der Pflegebuchführungsverordnung (PBV) müssen schon von gesetzlicher Seite aus Angaben zur aufgewendeten Zeit und zuder Personalqualifikation gemacht werden, um sie den entsprechenden Kostenstellen zuordnen zu können. Diese Erfassungspflicht betrifft aber derzeit nur den Bereich des SGB XI. Für die eigene Kalkulation und um sich auf die zukünftige Entwicklung vorzubereiten, ist es sinnvoll, auch die Bereiche des BSHG, der Selbstzahler und des SGB V zeitmäßig zu erfassen.

Ein großer Vorteil einer Zeiterfassung ist eine genaue Differenzierung der Arbeitszeit. Je nach erfassten einzelnen Tätigkeiten ist es der Leitung möglich zu beurteilen, ob Pflegekräfte effektiv eingesetzt wurden oder ob sie zum Beispiel einen erheblichen Anteil ihrer Arbeitszeit mit nichtabrechenbaren Leistungen, Fahrzeiten, Besprechungen etc. beschäftigt waren. Daraus können Maßnahmen hinsichtlich einer besseren Personal- Einsatzplanung abgeleitet werden.

Im Zuge der äußeren Rahmenbedingungen für ein funktionierendes Controlling wird die Rolle der Pflegedienstleitung als besonders wichtig hervorgehoben. Die Leitung des Pflegedienstes ist vielfältigen Spannungsfeldern und Interessengruppen ausgesetzt.

om Management und der Geschäftsführung wird die betriebswirtschaftliche Verantwortung zunehmend auf die Pflegedienstleitung übertragen, ohne dass diese i.d.R. über die erforderlichen Werkzeuge und Erfahrungen in diese Richtung verfügt. Die Kostenträger (Kranken/-pflegekassen) erwarten eine qualitativ hochwertige, aber möglichst wenig Kosten verursachende Herstellung von Pflegeleistungen.

Anlage 1
Blatt 4

Das Klientel und deren Angehörige fordern die Erbringung von kostengünstigen Leistungen in hoher Qualität. Sie erwarten, dass genügend Zeit seitens der Pflegekräfte für die individuelle Betreuung bleibt. Schließlich fordern die Mitarbeiter angenehme Arbeitsbedingungen, einen ihren Wünschen entsprechenden Dienstplan und den Erhalt ihres Arbeitsplatzes.

Hieraus wird ersichtlich, welchen enormen Interessengegensätzen die Leitung des Pflegedienstes ausgesetzt ist. Diesen verschiedenen Ansprüchen gerecht zu werden und die Wirtschaftlichkeit zu sichern bedarf es einer kompetenten Führungskraft. In seinem Buch erkennt SIESSEGER die Bedeutung und Verantwortung dieser Person und kritisiert deshalb, dass in der Ausbildung zur Pflegedienstleitung noch zu wenig betriebswirtschaftliche Bestandteile enthalten sind. Daher wird es für das Management in Zukunft zwingend notwendig sein, bei der Stellenbesetzung auf Persönlichkeiten zu achten, die den relativ hohen Ansprüchen genügen können.

In diesem Kontext verweist der Autor auf die Einführung einfacher, praxisnaher Controllinginstrumente, die der Leitung helfen sollen, die Einrichtung sinnvoll zu steuern. Für den ambulanten Pflegebereich gibt es aber noch keine überall wirksamen Steuerungsinstrumente. Durch die unterschiedlich möglichen Trägerschaften, durch differierende Lohnsysteme und Strukturen ist es nicht möglich, ein bestimmtes Instrument zu nennen, das global die Wirtschaftlichkeit sichert. Auch aus diesem Grund wird der Stellenwert einer Pflegedienstleitung deutlich, weil der ökonomische Erfolg zum Teil auch auf ihren Fähigkeiten beruht.

Einen noch teilweise nicht sehr beachteten Aspekt der wirtschaftlichen Sicherung stellt das Berichtswesen innerhalb der ambulanten Pflegelandschaft dar. Diese in der Wirtschaft und Industrie weit verbreitete Methode der Erfolgskontrolle, Analyse und der Kommunikation sollte verstärkt auch im Bereich der Pflegedienste eingesetzt werden. Um ein solches Berichtswesen sinnvoll zu integrieren, bedarf es als Vorraussetzung eines funktionierenden Controllings. Wenn diese erfüllt ist, muss geklärt werden, was es dem Pflegedienst nützt, wer die Adressaten sind, wer für die Durchführung verantwortlich ist und was es kostet.

Anlage 1
Blatt 5

Die interne Kommunikation, der regelmäßige Informationsaustausch sind wichtige Nebenfunktionen des Berichtwesens. Für SIESSEGGER bedeutet dies, das die Führungskräfte einen regelmäßigen Austausch von Informationen haben, mit denen sie besser koordinieren und planen können.

Meiner Meinung nach sollte der Personenkreis, den das Berichtswesen umfasst, auf alle Mitarbeiter ausgedehnt werden. So würde auf allen Ebenen ein regelmäßiger Gedankenaustausch stattfinden, der sich nicht nur auf die Führungsebene beschränkt. Natürlich müssten die Berichte auf die jeweilige Mitarbeiterebene abgestimmt sein. Durch diese einfachen Maßnahmen könnte man eine größere Identifikation der Angestellten mit dem Unternehmen erreichen und damit eine höhere Motivation erzielen. Wenn auch der in der Hierarchie weiter unten stehenden Pflegekraft die Unternehmensziele klar kommuniziert werden können, hat dies positive Effekte für alle. Nur mit der Einbeziehung aller am Prozess Beteiligten wird sich eine Verbesserung der Leistungsfähigkeit und Wirtschaftlichkeit erzielen lassen.

Grundsätzlich ist festzuhalten, dass es sich bei der ambulanten Pflege um einen sehr dynamischen, immer noch ständig im Wandel befindlichen Prozess handelt. Um auf längere Sicht erfolgreich am Markt zu bestehen, wird man nicht umhin kommen, sich permanent der Situation anzupassen. Das Spannungsfeld zwischen Kostenträgern, Patienten und der steigenden Qualitätsorientierung ist ebenfalls sehr komplex und benötigt eine ständige aufmerksame Beobachtung seitens der Pflegedienste. Nur wenn es dem ambulanten Pflegebereich gelingt, sich eine professionelle Arbeitsweise anzueignen und er seine Interessen ausreichend kommunizieren und vertreten kann, ist die wirtschaftliche Sicherung in den einzelnen Pflegediensten zu gewährleisten.

Eidesstattliche Erklärung

Ich erkläre an Eides statt, dass ich die vorliegende Arbeit (entsprechend der genannten Verantwortlichkeit) selbständig und nur unter Verwendung der angegebenen Quellen und Hilfsmittel angefertigt habe.

Die Zustimmung der Firma zur Verwendung betrieblicher Unterlagen habe ich eingeholt. die Arbeit wurde bisher in gleicher oder ähnlicher Form weder veröffentlicht noch einer anderen Prüfungsbehörde vorgelegt.

Steinpleis, 28.10.2002

- Thomas Pampel -